BEI GRIN MACHT SICH IHR WISSEN BEZAHLT

- Wir veröffentlichen Ihre Hausarbeit, Bachelor- und Masterarbeit

- Ihr eigenes eBook und Buch - weltweit in allen wichtigen Shops

- Verdienen Sie an jedem Verkauf

Jetzt bei www.GRIN.com hochladen und kostenlos publizieren

Bibliografische Information der Deutschen Nationalbibliothek:

Die Deutsche Bibliothek verzeichnet diese Publikation in der Deutschen Nationalbibliografie; detaillierte bibliografische Daten sind im Internet über http://dnb.d-nb.de/ abrufbar.

Dieses Werk sowie alle darin enthaltenen einzelnen Beiträge und Abbildungen sind urheberrechtlich geschützt. Jede Verwertung, die nicht ausdrücklich vom Urheberrechtsschutz zugelassen ist, bedarf der vorherigen Zustimmung des Verlages. Das gilt insbesondere für Vervielfältigungen, Bearbeitungen, Übersetzungen, Mikroverfilmungen, Auswertungen durch Datenbanken und für die Einspeicherung und Verarbeitung in elektronische Systeme. Alle Rechte, auch die des auszugsweisen Nachdrucks, der fotomechanischen Wiedergabe (einschließlich Mikrokopie) sowie der Auswertung durch Datenbanken oder ähnliche Einrichtungen, vorbehalten.

Impressum:

Copyright © 2017 GRIN Verlag, Open Publishing GmbH
Druck und Bindung: Books on Demand GmbH, Norderstedt Germany
ISBN: 9783668514522

Dieses Buch bei GRIN:

http://www.grin.com/de/e-book/370054/die-jahresabschlussanalyse-das-controlling-und-die-kostenrechnung-einer

Paolo Keßler

Die Jahresabschlussanalyse, das Controlling und die Kostenrechnung einer fiktiven GmbH

GRIN Verlag

GRIN - Your knowledge has value

Der GRIN Verlag publiziert seit 1998 wissenschaftliche Arbeiten von Studenten, Hochschullehrern und anderen Akademikern als eBook und gedrucktes Buch. Die Verlagswebsite www.grin.com ist die ideale Plattform zur Veröffentlichung von Hausarbeiten, Abschlussarbeiten, wissenschaftlichen Aufsätzen, Dissertationen und Fachbüchern.

Besuchen Sie uns im Internet:

http://www.grin.com/

http://www.facebook.com/grincom

http://www.twitter.com/grin_com

Inhaltsverzeichnis

1 JAHRESABSCHLUSSANALYSE 2

1.1 Teilanalysen der Jahresabschlussanalyse 2
    1.1.1 Vertikale Strukturanalyse (Passivseite) für 2015 und 2016 2
    1.1.2 Kurzfristige Finanzanalyse für 2015 und 2016 3
    1.1.3 Erfolgsanalyse (Rentabilitätskennzahlen) für 2015 und 2016 3

1.2 Wirtschaftliche Entwicklung 4

2 CONTROLLING 5

2.1 Entwicklung eines Kennzahlensystems 5

2.2 Entwicklung eines Controllingsystems 6

2.3 Interpretation Controllingsystem 7

3 KOSTENRECHNUNG 8

3.1 Zuschlagskalkulation 9

3.2 Deckungsbeitragsrechnung 9

3.3 Interpretation einer Deckungsbeitragsrechnung 10

4 LITERATURVERZEICHNIS 12

5 ABBILDUNGS- UND TABELLENVERZEICHNIS 12

5.1 Abbildungsverzeichnis 12

5.2 Tabellenverzeichnis 12

1 Jahresabschlussanalyse

1.1 Teilanalysen der Jahresabschlussanalyse

1.1.1 Vertikale Strukturanalyse (Passivseite) für 2015 und 2016

In den folgenden Tabellen werden die Kennzahlen der vertikalen Strukturanalyse (Passivseite) für das Jahr 2015 und 2016 ermittelt.

Tabelle 1: Eigenkapitalquote für 2015 und 2016

$Eigenkapitalquote = \frac{Eigenkapital}{Gesamtkapital} \times 100$	
2015	2016
$Eigenkapitalquote = \frac{1.255.800\ €}{2.149.100\ €} \times 100 = 58{,}43\ \%$	$Eigenkapitalquote = \frac{1.438.000\ €}{2.731.800\ €} \times 100 = 52{,}64\ \%$

Tabelle 2: Fremdkapitalquote für 2015 und 2016

$Fremdkapitalquote = \frac{Fremdkapital}{Gesamtkapital} \times 100$	
2015	2016
$Fremdkapitalquote = \frac{(105.300\ € + 788.000\ €)}{2.149.100\ €} \times 100$ $= 41{,}57\ \%$	$Fremdkapitalquote = \frac{(100{,}5\ € + 1.193{,}3\ €)}{2.731.800\ €} \times 100$ $= 47{,}36\ \%$

Tabelle 3: Verschuldungsgrad für 2015 und 2016

$Verschuldungsgrad = \frac{Fremdkapital}{Eigenkapital} \times 100$	
2015	2016
$Verschuldungsgrad = \frac{(105.300\ € + 788.000\ €)}{1.255.800\ €} \times 100$ $= 71{,}13\%$	$Verschuldungsgrad = \frac{(100.500\ € + 1.193.300\ €)}{1.438.000\ €} \times 100$ $= 89{,}97\ \%$

Tabelle 4: Umschlaghäufigkeit des Kapitals für 2015 und 2016

$Umschlaghäufigkeit\ des\ Kapitals = \frac{Umsatz}{Gesamptkapital}$	
2015	2016
$Umschlaghäufigkeit\ des\ Kapitals = \frac{3.150.257\ €}{2.149.100\ €} = 1{,}47$	$Umschlaghäufigkeit\ des\ Kapitals = \frac{3.652.369\ €}{2.731.800\ €} = 1{,}34$

1.1.2 Kurzfristige Finanzanalyse für 2015 und 2016

In den folgenden Tabellen werden die Kennzahlen der kurzfristigen Finanzanalyse für das Jahr 2015 und 2016 ermittelt

Tabelle 5: Liquidität 1. Grades für 2015 und 2016

$Liquidität\ 1.Grades = \dfrac{Zahlungsmittelbestand}{kurzfristige\ Verbindlichkeiten} \times 100$	
2015	2016
$Liquidität\ 1.Grades = \dfrac{83.500\ €}{291.500\ €} \times 100 = 28{,}64\ \%$	$Liquidität\ 1.Grades = \dfrac{119.100\ €}{360.600\ €} \times 100 = 33{,}03\ \%$

Tabelle 6: Umformulierung der Gesamtkapitalrentabilität für den Gewinn

$Gesamtkapitalrentabilität\ (\%) = \dfrac{(Gewinn + FKZ)}{Gesamtkapital}\ \mid\ :100$
$\dfrac{Gesamtkapitalrentabilität\ (\%)}{100} = \dfrac{(Gewinn + FKZ)}{Gesamtkapital}\ \mid\ \times Gesamtkapital$
$\dfrac{Gesamtkapitalrentabilität\ (\%) \times Gesamtkapital}{100} = Gewinn + FKZ\ \mid\ -FKZ$
$\dfrac{Gesamtkapitalrentabilität\ (\%) \times Gesamtkapital}{100} - FKZ = Gewinn$

Tabelle 7: Cashflow für 2015 und 2016

$Fremdkapitalzinsen = Fremdkapitalzinssatz \times langfristige\ Verbindlichkeiten$	
$Gewinn = \dfrac{Gesamtkapitalrentabilität \times Gesamtkapital}{100} - Fremdkapitalzinsen$	
$Cashflow = Gewinn + Abschreibung$	
2015	2016
$Fremdkapitalzinsen = 0{,}0436 \times 496.500\ € = 21.647{,}4\ €$	$Fremdkapitalzinsen = 0{,}0233 \times 832.700\ € = 19.401{,}91\ €$
$Gewinn = \dfrac{5{,}23 \times 2.149.100\ €}{100} - 21.647{,}4\ € = 90.750{,}53\ €$	$Gewinn = \dfrac{7{,}38 \times 2.731.800\ €}{100} - 19.401{,}91\ €$
$Gewinn = 90.750{,}53\ € + 72.250\ € = 163.000{,}53\ €$	$= 182.204{,}93\ €$
	$Cashflow = 182.204{,}93 + 94.360\ € = 276.564{,}93\ €$

Tabelle 8: Working Capital für 2015 und 2016

$Working\ Capital = Umlaufvermögen - kurzfristige\ Verbindlichkeiten$	
2015	2016
$Working\ Capital = 651.400\ € - 291.500\ € = 359.900\ €$	$Working\ Capital = 662.700\ € - 360.600\ € = 302.100\ €$

1.1.3 Erfolgsanalyse (Rentabilitätskennzahlen) für 2015 und 2016

In den folgenden Tabellen werden die Kennzahlen der Erfolgsanalyse (Rentabilitätskennzahlen) für das Jahr 2015 und 2016 ermittelt.

Tabelle 9: Gewinnänderungsrate für 2016 und 2015

$$\text{Gewinnänderungsrate} = \left(\frac{\text{Gewinn Geschäftsjahr}}{\text{Gewinn Vohrjahr}} - 1\right) \times 100$$

$$\text{Gewinnänderungsrate} = \left(\frac{182.204{,}93\ €}{90.750{,}53\ €} - 1\right) \times 100 = 100{,}78\ \%$$

Tabelle 10: Eigenkapitalrentabilität für 2015 und 2016

$$\text{Eigenkapitalrentabilität} = \frac{\text{Gewinn}}{\text{Eigenkapital}} \times 100$$

2015	2016
$\text{Eigenkapitalrentabilität} = \frac{90.750{,}53\ €}{1.255.800\ €} \times 100 = 7{,}23\ \%$	$\text{Eigenkapitalrentabilität} = \frac{182.204{,}93\ €}{1.438.000\ €} \times 100 = 12{,}67\ \%$

Tabelle 11: Umsatzrentabilität für 2015 und 2016

$$\text{Umsatzrentabilität} = \frac{\text{Gewinn}}{\text{Umsatz}} \times 100$$

2015	2016
$\text{Umsatzrentabilität} = \frac{90.750{,}53\ €}{3.150.257\ €} \times 100 = 2{,}88\ \%$	$\text{Umsatzrentabilität} = \frac{182.204{,}93\ €}{3.652.369\ €} \times 100 = 4{,}99\ \%$

1.2 Wirtschaftliche Entwicklung

In der folgenden Tabelle werden zunächst die Kennzahlen von den Jahresabschlüssen 2015 und 2016 verglichen. Desweiteren werden ihre Differenzen aufgezeigt.

Tabelle 12: Vergleich der Kennzahlen vom Jahr 2015 und 2016

Kennzahlen	2015	2016	Differenz
Eigenkapitalquote	58,43 %	52,64 %	−5,79 %
Fremdkapitalquote	41,57 %	47,36 %	+5,79 %
Verschuldungsgrad	71,13%	89,97 %	+24,63 %
Umschlaghäufigkeit des Kapitals	1,47	1,34	−0,13 %
Liquidität 1. Grades	28.64 %	33,03 %	+4,39 %
Cashflow	163.000,53 €	276.564,93 €	+113.564,4 €
Working Capital	359.900 €	302.100 €	−57.800 €
Gewinnänderungsrate		100,78 %	
Eigenkapitalrentabilität	7,23 %	12,67 %	+5,44 %
Umsatzrentabilität	2,88 %	4,99 %	+2,11 %
Umsatzerlöse	3.150.257 €	3.652.369 €	+502.112 €

Die Entwicklung der XY GmbH von 2015 zu 2016 erfolgte durch einen Aufbau von Sachanlagen mithilfe von kurzfristigen und langfristigen Verbindlichkeiten und dem eingesetztem Eigenkapital (siehe Jahresabschlüsse XY GmbH). Wenn wir davon ausgehen das die XY GmbH ein Warenhaus ist, so könnte dies durch einen Anbau des Gebäudes (z. B. eine neue Abteilung für EMS-Fitnessartikel, samt Lager und Kassensysteme mit Bargeld) über ein Darlehen und dem eingesetztem Eigenkapital passiert sein. Dies würde die Verschiebung vom Eigenkapital ins Fremdkapital (- 5,79 % Eigenkapital → + 5,79 % Fremdkapital), die Steigerung des Verschuldungsgrades (+ 24,63 %), die Steigerung der Liquidität 1. Grades (+ 4,39 %), die Steigerung des Cashflows (+ 113.564,4 €) und die Reduzierung des Working Capital (- 57.800 €) erklären. Durch die neue Abteilung generierte das Unternehmen einen größeren Umsatz (+ 502.112 €) mit einem größeren Gewinn als im Vorjahr (ΔGewinnänderungsrate = 100,78 %). So ergab sich dann auch, dass sich das eingesetzte Eigenkapital um 5,44 % (Eigenkapitalrentabilität) besser verzinst hat als im Vorjahr. Aufzupassen wäre es jetzt nur, dass die Liquidität 1. Grades nicht weiter ansteigt und bei der von Perridon und Steiner (2007, S. 547) empfohlenen Zielvorgabe von 10 % bis 30 % bleibt, um nicht die Rentabilität zu schmälern.

2 Controlling

2.1 Entwicklung eines Kennzahlensystems

In der folgenden Abbildung wird ein Kennzahlensystem für die XY GmbH, auf Basis der Gesamtrentabilität, dargestellt.

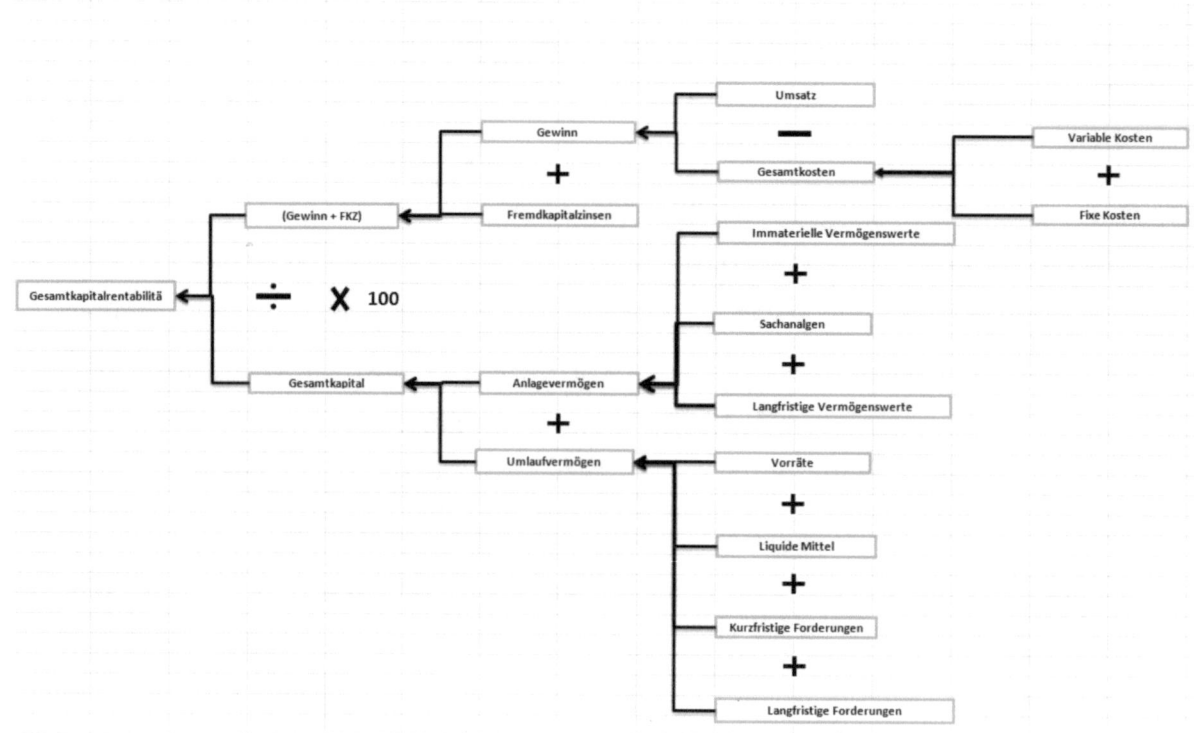

Abbildung 1: Kennzahlen der XY GmbH (Eigene Abbildung)

2.2 Entwicklung eines Controllingsystems

Um aus dem Kennzahlensystem der XY GmbH ein Controllingsystem zu machen, benötigen wir vorab die Plan-Zahlen und die unbekannten Ist-Zahlen für das Jahr 2016. Als Basis für die Ermittlung der Plan-Zahlen für das Jahr 2016 dienen die Zahlen der Aktivseite des Jahresabschlusses 2015. Die Berechnungen der Plan- und Ist-Zahlen 2016 werden in der folgenden Tabelle dargestellt.

Tabelle 13: Rechnung der Plan-Zahlen und Ist-Zahlen 2016

Reduzierung der immateriellen Plan-Vermögenswerte 2016 um knapp 2%	249.300 € × 0,98 = 244.314 €
Steigerung der Plan-Sachanalgen 2016 um 40 %	1.085.300 € × 1,4 = 1.519.420 €
Erhöhung der langfristigen Plan-Vermögenswerte 2016 um 15 %	163.100 € × 1,15% = 187.565 €
Reduzierung der Plan-Vorräte 2016 um ein Zehntel	201.700 € × 0,9 = 181.530 €
Erhöhung der liquiden Plan-Mittel 2016 um 22,5 %	83.500 € × 1,225 = 102.288 €
Reduzierung der kurzfristigen Plan-Forderungen 2016 um 9 %	110.500 € × 0,91 = 100.555 €
Reduzierung der langfristigen Plan-Forderungen 2016 um 12 %	255.700 € × 0,88 = 225.016 €
Steigerung des Plan-Umsatz 2016 von 8,5 %	3.150.257 € × 1,085 = 3.418.029 €

Plan-Fremdkapitalzinsen 2016 bleiben gleich	21.647,4 €
Erhöhung des Plan-Gesamtkostenblocks 2016 um 5 %	3.057.937 € × 1,05 = 3.210.834 €
60 % Fixkostenanteil des Plan-Gesamtkostenblocks 2016	3.210.834 € × 0,6 = 1.926.500 €
Erhöhung des Ist-Gesamtkostenblocks 2016 um 13,48 %	3.057.937 € × 1,1348 = 3.470.147 €
45 % Variable Kostenanteil des Ist-Gesamtkostenblocks 2016	3.470.147 € × 0,45 = 1.561.566 €

Anschließend wurden die Plan-Zahlen und die Ist-Zahlen vom Jahr 2016 in das Rechensystem aus der Aufgabe 2.1 eingefügt und zur Berechnung der Plan-Gesamtkapitalrentabilität genutzt (siehe Abbildung 2)

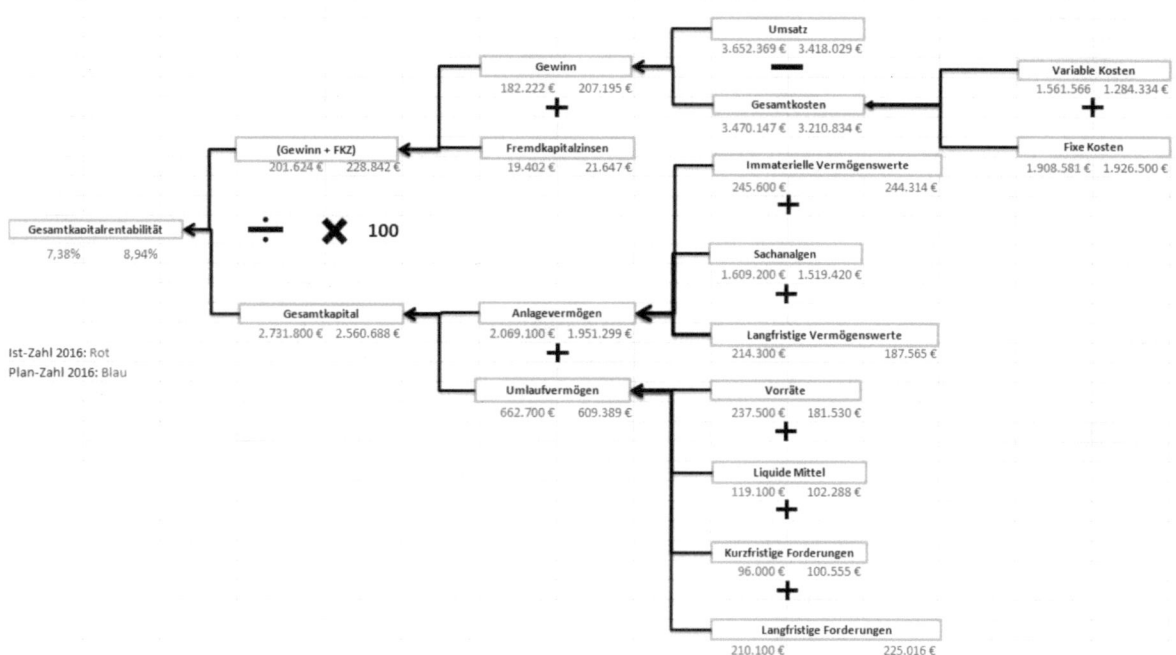

Abbildung 2: Controllingsystem der XY GmbH (Eigene Abbildung)

2.3 Interpretation Controllingsystem

In der nachfolgenden Tabelle werden zunächst die Plan und Ist-Zahlen aus dem Jahre 2016 gegenübergestellt, um die Abweichungen besser zu verdeutlichen.

Tabelle 14: Abweichungen der Plan- und Ist-Zahlen 2016

Kennzahlen	Ist-Zahl 2016	Plan-Zahl 2016	Abweichung	
Gesamtkapitalrentabilität	7,38 %	8,94 %	−1,56 %	
(Gewinn + FKZ)	201.624 €	228.842 €	−27.218 €	−11,89 %
Gewinn	182.222 €	207.195 €	−24.973 €	−12,05 %
Fremdkapitalzinsen	19.402 €	21.647 €	−2.245 €	−10,37 %
Umsatz	3.652.369 €	3.418.029 €	+234.340 €	+6,86 %

Gesamtkosten	3.470.147 €	3.210.834 €	+359.313 €	+11,19 %
Variable Kosten	1.561.566 €	1.284.334 €	+277.232 €	+21,59 %
Fixe Kosten	1.908.581 €	1.926.500 €	−17.919 €	−0,93 %
Gesamtkapital	2.731.800 €	2.560.688 €	+171.112 €	+6,68 %
Anlagevermögen	2.069.100 €	1.951.299 €	+117.801 €	+6,04 %
Umlaufvermögen	662.700 €	609.389 €	+53.311 €	+0,53 %
Immaterielle Vermögenswerte	245.600 €	244.314 €	+1.286 €	+0,53 %
Sachanalgen	1.609.200 €	1.519.420 €	+89.780 €	+5,9 %
Langfristige Vermögenswerte	214.300 €	187.565 €	+26.735 €	+14,25 %
Vorräte	237.500 €	181.530 €	+55.970 €	+30,83 %
Liquide Mittel	119.100 €	102.288 €	+16.812 €	+16,44 %
Kurzfristige Forderungen	96.000 €	100.555 €	−4.555 €	−4,53 %
Langfristige Forderungen	210.100 €	225.016 €	−14.916€	+6,63 %

Alles in allem kann man sagen, dass sich die XY GmbH im Vergleich zur Planung aus dem Jahre 2015, in Bezug auf die Rentabilität, nicht gut entwickelt hat. Die Abweichung der Gesamtrentabilität von Ist-Zahl 2016 zur Plan-Zahl 2016 betrug − 1,56 %. Weitere Indikatoren für ungünstige die Rentabilitätsentwicklung sind: der geschmälerte Gewinn (- 12,05 %) und die gestiegenen Gesamtkosten (+ 11,19 %). Besonders bei den Gesamtkosten ist der variable Anteil enorm gestiegen (+ 21,59 %). Hingegen zur Rentabilität ist die Liquidität gestiegen (Liquide Mittel: + 16,44 %), die sich aber negativ auf die Rentabilität auswirkt.

Tabelle 15: Vier etwaige Gründe für Abweichung zwischen Plan- und Ist-Zahlen

1. Grund	Variable Kosten zu hoch: z. B. waren Warenkosten zu hoch, weil es keinen günstigeren Anbieter gab als geplant
2. Grund	Vorräte zu hoch: z. B. wurde ein Produkt in hoher Stückzahl gekauft, mit der Hoffnung es schnell und oft zu verkaufen, aber es hatte nicht die gewünschte Reichweite und verblieb somit im Lager
3. Grund	Liquide Mittel zu hoch: z. B. durch einen großen Diebstahl in den Kassen. So war das Unternehmen gezwungen ihre liquiden Mittel zu erhöhen, um noch ordnungsgemäß zu Kassieren
4. Grund	Langfristige Vermögenswerte zu hoch: z. B. die XY GmbH musste plötzlich ein langjähriges Darlehen an ein Tochterunternehmen ausschreiben, weil dieses neue Maschinen brauchte

3 Kostenrechnung

3.1 Zuschlagskalkulation

In der folgenden Tabelle wird zunächst der Handlungskostenzuschlagssatz, den für die Handelskalkulation benötigen.

Tabelle 16: Handlungskostenzuschlagssatz für die Handelskalkulation

$$Handlungskostenzuschlagssatz = \frac{Gemeinkosten}{Einzelkosten} \times 100$$

$$Handlungskostenzuschlagssatz = \frac{90.100\,€ + 72.690\,€ + 4.096\,€ + 5.240\,€}{272.600\,€} \times 100 = 63{,}14\,\%$$

Nachdem wir den Handlungskostenzuschlagssatz für die Handelskalkulation ausgerechnet haben, setzen wir diese mit den anderen Werten in die Handelskalkulation ein.

Tabelle 17: Handelskalkulation der Sportuhren mit Fitness-Tracker-Funktion

	Eingabe in %	Eingabe in €	Betrag in €
Listeneinkaufspreis (netto)			69,50 €
- Rabatt	2,4 %	1,67 €	
Zieleinkaufspreis			67,83 €
- Skonto	1 %	0,68 €	
Bareinkaufspreis			67,15 €
+ Bezugskosten		2,25 €	
Bezugs/Einstandspreis			69,40 €
+ Handlungskosten	63,14 %	43,82 €	
Selbstkosten			113,23 €
+ Gewinn	35,5 %	40,19 €	
Barverkaufspreis			153,42 €
+ Skonto	3 %	4,74 €	
Zielverkaufspreis			158,17 €
+ Rabatt	4 %	6,59 €	
Listenverkaufspreis (netto)			164,76 €
+ Umsatzsteuer	19 %	31,30 €	
Verkaufspreis (brutto)			196,06 €

Die Bezugskosten ermitteln sich aus 0,75 € Versandkosten pro Stück und 1,50 € Zollkosten pro Stück. Die Handlungskosten für die Sportuhr betragen 43,82 € (63,14% des Bezugs/Einstandspreises). Das Warenhaus der XY GmbH würde die Sportuhr für 196,06 € (brutto) anbieten.

3.2 Deckungsbeitragsrechnung

Bevor wir mit der Deckungsbeitragsrechnung beginnen können, benötigen wir vorab erst einmal ein paar einzelne Berechnungen:

Berechnung der Laufbandanalysen:

$$\frac{240\ durchschnittliche\ Kaufinteressenten}{3} = 80\ Laufbandanalysen$$

Berechnung der Laufbandanalyse mit Laufschuhkäufer:

$$80\ Laufbandanalysen \times 0{,}7 = 56\ Laufschuhkäufer$$

Berechnung der Laufbandanalyse ohne Laufschuhkäufer:

$$80\ Laufbandanalysen - 56\ Laufschuhkäufer = 24\ reine\ Laufbandanalysen$$

Berechnung der Laufbandanalyse mit 50 % Gebühren Erlassung nach dem Kauf der Laufschuhe:

$$56\ Laufschuhkäufer \times 0{,}5 = 28\ volle\ Gebühren\ für\ die\ Laufbandanalse$$

Berechnung der monatlichen Gesamtmietkosten samt Nebenkosten:

$$8.900\ € \times 1{,}05 = 9.345\ €$$

Berechnung der monatlichen Mietkosten für die Laufbandanalyse:

$$20\ m^2 = \frac{9.345\ € \times 20}{1.200\ m^2} = 155{,}75\ €$$

Berechnung der Kosten für die Einrichtungsgegenstände (netto):

$$\frac{3.850\ €\ (brutto) \times 100}{119} = 3.235{,}29\ €\ (netto)$$

Berechnung der monatlichen Kosten für die Einrichtungsgegenstände:

$$3.235{,}29 : 6\ Jahre : 12\ Monate = 44{,}93\ €$$

Berechnung der Provision der Mitarbeiter für den Verkauf der Laufschuhe

$$56\ Laufschuhkäufer \times 5\ € = 280\ €$$

Nun wurden alle für die Deckungsbeitragsrechnung benötigten Positionen ausgerechnet. Diese werden jetzt in Folgende Formel übernommen:

$$Kosten\ pro\ Analyse = \frac{Kosten}{Anzahl\ der\ Analysen\ mit\ voller\ Gebühr}$$

Berechnung der kostendeckenden Laufbandanalyse (Netto):

$$\frac{155{,}75\ € + 44{,}93\ € + 280\ €}{24 + 28} = \frac{480{,}68\ €}{52} = 9{,}24\ €\ (Netto)$$

Berechnung der kostendeckenden Laufbandanalyse (Brutto):

$$9{,}24\ € \times 1{,}19 = 11\ €\ (Brutto)$$

Für eine Laufbandanalyse muss 11 € verlangt werden, damit dieses verkaufsfördernde Angebot nicht negativ ist (DB = 0 €).

3.3 Interpretation einer Deckungsbeitragsrechnung

Tabelle 18: Zitat der Aufgabenstellung

> „Sollte der Deckungsbeitrag II eines Unternehmensbereiches negativ sein, der Deckungsbeitrag I jedoch positiv, so ist die einzig richtige Unternehmensstrategie, dass dieser Geschäftsbereich aufgegeben werden muss!"

Meiner Meinung nach muss dies nicht immer der Fall sein. Nehmen wir als Beispiel die Sauna in einem Fitnessclub. Wenn der Fitnessclub im Allgemeinen einen positiven Deckungsbeitrag II hat, die Sauna als Kostenstelle aber einen negativen Deckungsbeitrag II, so muss dieser Bereich nicht zwangsläufig aufgegeben werden. Grund hierfür wäre, dass bei Abschaffung der Sauna, mehr Mitglieder des Fitnessclubs, kündigen würden und den Gesamtgewinn somit schmälern, als man nur Kosten von der Sauna tragen würde.

Ein anderes Beispiel wäre, ein günstiger Drucker und dessen Druckerpatronen als Folgekäufe in einem Elektrohandel. Wenn der günstige Drucker einen negativen Deckungsbeitrag II hat, dessen Druckerpatronen aber einen hohen positiven Deckungsbeitrag II, so werden die Druckerpatronen vom günstigen Drucker zu einem positiven Gesamtergebnis führen und somit die Anschaffungskosten des günstigen Druckers sprengen (Hüsken, 2013)

4 Literaturverzeichnis

Hüsken, S. (2013). *Negativer Deckungsbeitrag – Produktion ist zeitweise trotzdem sinnvoll.* Verlag für die Deutsche Wirtschaft AG. Zugriff am 15.03.2017. Verfügbar unter http://www.gevestor.de/details/negativer-deckungsbeitrag-produktion-ist-zeitweise-trotzdem-sinnvoll-647266.html

Perridon, L. & Steiner, M. (2007). *Finanzwirtschaft der Unternehmung* (Vahlens Handbücher der Wirtschafts- und Sozialwissenscahften, 14., überarb. Und erw. Aufl. München: Vahlen.

5 Abbildungs- und Tabellenverzeichnis

5.1 Abbildungsverzeichnis

Abbildung 1: Kennzahlen der XY GmbH (Eigene Abbildung) 6
Abbildung 2: Controllingsystem der XY GmbH (Eigene Abbildung) 7

5.2 Tabellenverzeichnis

Tabelle 1: Eigenkapitalquote für 2015 und 2016 2
Tabelle 2: Fremdkapitalquote für 2015 und 2016 2
Tabelle 3: Verschuldungsgrad für 2015 und 2016 2
Tabelle 4: Umschlaghäufigkeit des Kapitals für 2015 und 2016 2
Tabelle 5: Liquidität 1. Grades für 2015 und 2016 3
Tabelle 6: Umformulierung der Gesamtkapitalrentabilität für den Gewinn 3
Tabelle 7: Cashflow für 2015 und 2016 3
Tabelle 8: Working Capital für 2015 und 2016 3
Tabelle 9: Gewinnänderungsrate für 2016 und 2015 4
Tabelle 10: Eigenkapitalrentabilität für 2015 und 2016 4
Tabelle 11: Umsatzrentabilität für 2015 und 2016 4
Tabelle 12: Vergleich der Kennzahlen vom Jahr 2015 und 2016 4
Tabelle 13: Rechnung der Plan-Zahlen und Ist-Zahlen 2016 6
Tabelle 14: Abweichungen der Plan- und Ist-Zahlen 2016 7
Tabelle 15: Vier etwaige Gründe für Abweichung zwischen Plan- und Ist-Zahlen 8
Tabelle 16: Handlungskostenzuschlagssatz für die Handelskalkulation 9
Tabelle 17: Handelskalkulation der Sportuhren mit Fitness-Tracker-Funktion 9
Tabelle 18: Zitat der Aufgabenstellung 10

BEI GRIN MACHT SICH IHR WISSEN BEZAHLT

- Wir veröffentlichen Ihre Hausarbeit, Bachelor- und Masterarbeit

- Ihr eigenes eBook und Buch - weltweit in allen wichtigen Shops

- Verdienen Sie an jedem Verkauf

Jetzt bei www.GRIN.com hochladen und kostenlos publizieren